AF500565

LES CAVSES PRINCIPALES DV SVRHAVSSEMENT DES Monnoyes de France, & la maniere d'y remedier, à la conseruation des finances du Roy & du Royaume.

PRESENTE' A LA ROYNE par N. D. C.

A PARIS,
Chez la veufue Nicolas Rosset, sur le pont S. Michel, à la Rose blanche.
M. DC XII.
Auec Priuilege du Roy.

A LA ROYNE.

MADAME,

Ayant vostre Majesté continué l'ordre encommencé par le Roy HENRY LE GRAND *vostre tres-cher espoux, en la conseruation de la paix & union de vos subiects, & reprins les erres de reformer les abus qui se commettent par les Billonneurs au transport des fruicts de la France, qu'ils payent en mõnoye estrãgere, foible, defectueuse, & pleine de cuyure: i'ay creu qu'il estoit à propos mettre en lumiere le seul & unique moyen de pourvoir à ces desordres pour empescher à iamais les faux mõnoyeurs, Rõgneurs, & toute sorte de surhaussement d'vne espece à autre que la malice des hõmes a introduit; ioinct que les moyens qui empeschent les crimes sont à preferer aux loix qui les punissent. Supliant humblement vostre Majesté de vouloir auoir agreable ce peu de labeur qui est en faueur du prochain & de toute la patrie, m'asseurant que s'il vous est vne fois agreable, il le sera à tout vostre peuple, en augmentation des finãces de sa Majesté, & des biẽs de tous vos sujets, lequel i'ay osé presenter à vostre Majesté, pour tesmoignage de l'affection que i'ay de vous rendre à iamais treshumble seruice, & à ma patrie. Priant Dieu,*

MADAME,

Qu'il vous tienne en sa grace, donne longue & heureuse vie. Par

Vostre tres-humble, tresaffectionné & à iamais fidele subiect, N.D.C.

LES CAVSES PRINCIPALES du surhaussement des monnoyes de Frãce & la maniere d'y remedier, à la conseruation des finances du Roy & du Royaume, sont

L'Introduction des especes estrangeres.

La tolerãce d'exposer les monnoyes du Royaume, legeres & rongnées.

N'auoir eualué l'or selon sa bõté.

Que les especes de monnoye d'argent & billon du Royaume, qui chãgent l'escu, ne payent & vallent la matiere d'iceluy.

Auoir diminué le tiltre des douzains & monnoye de billon, la fabriquation duquel apporte continuellement surhaussement des especes d'or & d'argent de haute loy.

N'y ayant rien plus certain que la permission ou tolerance d'exposer les monnoyes estrangeres cause le surhaussement de celles du Royaume, il n'est necessaire faire demonstration de leur peu de valeur:

Ny aussi des especes du Royaume legeres & rongnees, pour n'auoir les rogneurs aucun terme ny ordre limité.

Suffira representer la valeur des Monnoyes d'iceluy, & comment par l'inegalité de leur fin, l'argent ne paye point la matiere de l'escu sol, ny le billon la monnoye d'or & d'argent, ainsi qu'il est necessaire.

Valeur des matieres du fin employé dans chacune espece des Monnoyes d'or, argent, & billon de France, à raison de soixãte cinq sols l'escu, suiuant l'Ordonnance de l'annee six cens & deux.

Le fin de l'escu sol, droict de poids & loy, vaut lxiii. s. vii. d.

Le fin de quatre quarts d'escu du poids de sept deniers treize grains tresbuchant, droicts de loy, & vn sol, vaut lxii. s. iiii d.

Le fin de trois pieces de xxi. s. iiii d. droicts de poids & loy, & vn sol, vault lxi. s. iii. d.

Le fin de quatre testons, droicts de poids & loy, & trois sols, vaut lxii. s. i. d.

Le fin de soixante cinq sols droicts de poids & loy, vault lix. s. vii. d.

Diuersité de valeur des mesmes especes, à cause des remedes de poids & loy.

Le fin de l'escu sol dans les remedes de poids & loy vault lxii.s. v.d.

Le fin de quatre quarts d'escu dans les remedes de poids & loy, & vn sol, vault lx. s. x. d.

Le fin de trois pieces de xxi. s. iiii. d. dans les remedes de poids & loy, & vn sol, vaut lx.s. ii. d.

Le fin de quatre testons dans les remedes de poids & loy, & trois sols, vault lxi. s.

Le fin de lxv. sols dans les remedes de poids & loy vault liiii s. ii.d.

Ces demonstrations font recognoistre la matiere de l'escu estre plus precieuse que les especes d'argent & billõ qui le changent, la nonualeur & diuersité desquelles a causé le triage & transport des fortes Mõnoyes

noyes hors le Royaume, & que pour les cõseruer il les a conuenu surhausser; pour à quoy remedier, il seroit bon alloyer & tailler les Monnoyes d'or & argent en telle sorte, que l'espece d'or ne soit plus precieuse que son change en argent, ny l'argent moindre en valeur que la piece d'or, ny l'espece d'or & d'argent plus precieuse que leur change en espece de billon.

Les remedes pour y pouruoir, & empescher le transport & surhaussement des Monnoyes du Royaume, sont.

N'admettre pour quelque subiect ou occasion que ce soit, le cours & exposition d'aucune espece de Monnoye estrangere, ny celles du Royaume legeres ou rongnees.

Faire battre la Monnoye d'or & argent au moulin, ainsi que l'on faict les doubles & deniers de cuiure, pour empescher à iamais les Faux-monnoyeurs & Rongneurs, estant impossible de faire monnoye d'or ou d'argét fausse, au moulin, que l'on ne la recognoisse au volume, & ne se peut rongner sans que l'expositeur n'en soit aussi tost accusé.

Continuer le prix du marc d'argét de onze deniers douze grains de fin, à vingt liures cinq sols quatre deniers.

Et augmenter le marc d'or de vingtquatre Karats, qui n'est eualué par l'Ordonnáce de 1602. que deux cens quarâté liures dix sols, de la somme de onze liures dix sols, & le mettre à deux cens cinquâte deux liures, prix approchant la proportion douziesme à l'argent; bien qu'il seroit encores meilleur y obseruer la propor-tion douziesme, & trauailler au fin.

Fabriquer Monnoye d'or de loy à vingt-deux karats au remede d'vn huictiesme de karat, à la taille de soixante pieces au marc, au remede de deux felins, la piece du poids de trois deniers quatre grains & demy trebuchant, qui aura cours pour quatre liures, & en faire demies qui auront cours pour quarante sols, des quarts de vingt sols, mesmes des doubles de huict liures en pareille proportiõ de poids.

Que si les nombres de vingt sols, quarante sols, quatre liures & huict liures ne sont aggreables, s'en pourrõt fabriquer de trois liures, six liures, douze liures, & de trente sols.

Le fin de laquelle espece d'or de quatre liures, vaudra trois liures dix-sept sols.

Et mõnoye d'argent de loy à douze deniers, au remede de vn grain fin pour marc, à la taille de vingt pieces vn huitiesme de piece, au remede de vn dixiesme de piece, la piece du poids de neuf deniers douze grains trebuchãt, qui aura cours pour vingt sols : & s'en pourront fabriquer de dix sols, cinq sols, & deux sols six deniers piece: & n'admettre pour quelque pretexte que ce soit l'introduction des gros de billon de trois sols quatre deniers, & leurs diminutions de vingt deniers, & dix deniers; sinon que l'on vueille introduire vn nouueau desordre & semblable à celuy des pignatelles & douzains, & donner son bien aux Estrangers.

Le fin de quatre desquelles pieces d'argent vaudra trois liures dixsept sols.

Par telle taille, prix, aleage & traitte,

n'y aura lieu de surhausser l'vne par l'autre de ces especes.

Et la matiere de l'escu sol du poids porté par les Ordonnances, vaudra soixãte six sols sept deniers, & pourra estre exposé pour soixãte dix sols, sans que les Billonneurs le puissent surhausser, ny les Estrangers transporter pour le faire fondre. Et ce qui est de defaut aux especes d'argẽt qui changent l'escu, est suppleé par l'augmentation du prix du fin de l'or: & ne pourra la Monnoye d'argẽt de Frãce cy deuant fabriquee estre surhaussee, billonnee, funduë, ny trãsportee, non plus que la nouuelle. Et quatre quarts descu de leur poids, auec le supplément des mesmes especes d'argent de France iusques à soixante dix sols, vaudront en leur fin le prix de l'escu d'or, tellement qu'il n'y aura lieu de billonner les especes cy deuant fabriquees les vnes par les autres.

Et continuant telle fabriquation d'or & argent, n'admettant les Monnoyes estrāgeres, ny aucuns gros ou monnoye de billon, l'on reuiendra à la forte Monnoye, & insensiblement se perdra l'vsage du billon par vn accroissement des richesses de la France, attirant par ses fruicts & manufactures l'or & argent estranger de tous les lieux du monde, où l'abondance des fruicts du Royaume sont necessaires; & ne se pourront surhausser les especes d'or & argent sans perte de celuy qui les surhausseroit, dautant que la monnoye du Royaume que le billonneur laisseroit, seroit meilleure en sa matiere que celle qu'il emporteroit, soit d'or ou argent, contre les maximes & regles de change.

Et où l'Estranger par voyes indirectes voudroit transporter l'or ou argent, n'admettant la Monnoye estrangere, remplira la France de marchandises necessaires & à vil prix, ou apportera matieres propres à la Monnoye, ou bien rapportera les Monnoyes de France qu'il auroit transportees, ne pouuans les voisins du Royaume viure sans le negoce des bleds, vins & fruicts d'iceluy.

Et seront ces especes de monnoye d'or & argent aussi aysees à battre au moulin comme au marteau, neantmoins au moulin moins subiettes au rongnement : Et ne sera à craindre qu'il ne se trouue ouuriers & mõnoyers pour façonner tels ouurages, soit d'or ou argent: ce qui ne sera pas ainsi en la taille proposee par quelque particulier, du pied de monnoye d'argẽt de loy à onze deniers de fin, la piece du poids de dix deniers cinq grains dixneuf vingtcinquiémes de grain, qui auroit cours pour vingt sols, & dont il entreroit au marc dix-huict deniers trois quarts de denier, sinon qu'il plaise au Roy quitter entierement son droict domanial & seigneuriage, & à Nosseigneurs de son Conseil trouuer fōds pour payer les droicts de brassage des Ouuriers, Monnoyers, & Tailleur, qui fournit les piles & trousseaux, & les fraiz des maistres & fermiers qui assemblent les matieres d'or & argent, les alloyēt & fondent pour les rendre du tiltre qu'il conuiēt qu'elles soiēt pour estre employees & cōuerties en monnoye aux coings & armes de sa Majesté.

L'or & argent monnoyé ne sont point marchandise, & doiuent seruir cōme vn mur moitoyē, qui tant plus il est droict, plus long temps le bastiment se conserue, & comme il vient à se cambrer, & est moins droict en

vne

vne part qu'en l'autre, aussi tost le bastiment menace sa ruine, & le faut estayer, & en fin abbatre: Ainsi en ces deux metaux si l'equilibre n'est bien obseruee au poids & en la loy, l'vn d'iceux est transporté hors de la prouince, ou bien pour le conseruer luy faut hausser son prix.

La diminution du fin & augmentation de la taille des douzains fabriquez du regne de Henry troisiesme, a fait transporter & fondre tous les douzains faicts du regne de François premier, Henry second, & Charles neufiesme : & se peut dire que si les billonneurs n'eussent esté trop auaricieux, ils auoient trop de subiect d'entretenir leur billonnemét sur le nouueau reglement des monnoyes d'Espagne, d'où ils tiroient vn dixiesme de profit, apportant l'argent d'Espagne en France, sans luy surhausser son prix au preiudice des Edicts & Ordonnances du Roy: duquel billonnement d'argent non contens, l'ont voulu accompagner des especes d'or, tant d'Espagne que d'autres lieux, Principautez & Seigneuries, sous pretexte de la tolerance donnée d'exposer quelques especes estrangeres; lesquelles especes d'or & d'argent ils ont tellement surhaussées en vn mesme temps, qu'ils causeront l'vsage du prouerbe, *Que des mauuaises mœurs s'engendrent les bons reglemẽs & polices*; & que le desordre & confusion qu'ils ont apporté au surhaussement desdites especes, engendrera vn bon reglement: & ne pourront à l'aduenir billõner l'vne par l'autre de ces monnoyes, ny toutes les deux, conioinctement ny separément: sinon que l'on continuë & donne liberté d'exposer toute sorte de monnoye estrangere d'or & d'argent.

Obiections contre cet aduis & reglement des Monnoyes.

Obiection premiere.

QVe pendant la minorité du Roy il n'eschet remuer aucune chose au faict des Monnoyes.

Seconde obiection.

Que à trauailler au moulin il y a plus de cizaille, & ne se faict si grande quantité d'ouurage que au marteau.

Obiection troisiesme.

Qu'il est necessaire au fair des Mõnoyes se regler selon les Princes voisins, les Rois d'Espagne, d'Angleterre, Ducs & Estats de Flãdres, & Princes d'Italie, ayant le Roy d'Espagne haussé le prix du marc d'or d'vn dixiéme.

Obiection quatriesme.

Que reiglant les Monnoyes, & décriant les especes estrangeres, le peuple receura grande perte, & ceux qui ont quantité de doublons.

Obiection cinquiesme.

Que par l'interdiction du cours des Monnoyes estrangeres, doublons, & reales, le commerce des marchands françois negotiãs en Espagne bleds, toiles olonnes, & cordages, & en Angleterre & Flandres les vins, sera trouble; faisans plus d'estat du profit qu'ils tirent sur les Monnoyes que sur les marchandises.

Obiection sixiesme.

Qu'il n'est raisonnable eualuer l'or en proportion douziesme à l'argẽt, & que telle proportion n'est par nature.

Septiesme obiection.

Que la proportion peut estre douziéme en la matiere, mais elle ne le doit estre en l'œuure.

Huictiesme & derniere obiection.

Qu'vn nouueau Reglemẽt aux mõnoyes sera de difficile execution.

Responce à la premiere obiection.

Pour la minorité du Roy il y a plus de lieu de reformer les monnoyes, d'autát que sa Majesté majeur aduerti du larcin faict par les Estrangers du bien de ses suiects, & diminution de son Domaine & Finances, en la tolerance de l'exposition de leurs Monnoyes iugees par le Roy Henry le Grand sõ pere ne deuoir auoir cours, arguëra ses Officiers de negligence: aussi qu'il est bon de bié faire en tout temps: & ainsi en a esté vsé du regne de Charles neufiesme.

Responce à la seconde Obiection.

L'vsage du moulin apporte l'vniformité & ressemblance de toutes les monnoyes, empesche le desadueu des maistres & fermiers, bannit à iamais les faux monnoyeurs & rongneurs: Pourquoy l'Empereur, le Roy d'Espagne, les Ducs de Florence, & recentement le Duc de Neuers: mesmes aussi au Royaume de Nauarre se frape la monnoye au moulin, & chacune presse peut faire cét marcs d'ouurage en vn iour: & s'il y a plus de cizaille, le maistre la trouue mieux qu'au marteau où il ne s'en faict gueres moins. Et y a peu de lieux où l'on frappe les doubles & deniers de cuiure au moulin, qu'il n'y ait cinq ou six presses; en laquelle conduitte des moulins & façons à donner à tels ouurages, il eust esté & seroit bon y dresser les Ouuriers & Monnoyers de France, qui sont en grand nombre par tout le Royaume, enfans legitimes de la maison, plustost que d'y admettre des estrangers, iusques à des Morisques, personnes de peu, comme il se pratique encores à present en la conduitte du moulin de Bordeaux: les droicts du Roy en seroient plus asseurez, les ouurages de leur qualité & poids, dõt lesdits Ouuriers & monnoyers seroiẽt responsables en leurs personnes & biẽs, & sur les difficultez de l'emboeté representeroient leurs breues & registres. Et pour n'auoir esté cet ordre obserué en la fabriquation des doubles de Lion, où il s'y est faict vn merueilleux foiblage, ne se peuuent recouurer les Ouuriers qui y ont trauaillé, pour cognoistre la quantité qui y a esté ouuree & monnoyee.

Responce à la troisiesme Obiection.

La France abondante en fruicts, sans lesquels ses voisins ne peuuent viure, tenant la place du vendeur, doit mettre le prix à ce qu'elle debite & vend, & à ce qui luy est baillé pour prix. Et ne doit l'argent & or en monnoye estrangere, auoir cours en vn Estat riche & bien policé, que comme matiere selon le prix qui luy est dõné par le Prince. Et est assez d'estimer vn denier d'or douze d'argent, & l'estimer d'auantage est vne richesse de cuyure & imaginaire. Et si l'augmentation des nombres de liures est vn enrichissement du Royaume, il seroit aussi vtile & à propos, à present que le marc d'or vaut deux cens quarante liures dix sols, doubler le prix de l'or, que d'attendre d'autre saison, & plus grande confusion que la permission d'exposer les monnoyes estrangeres apportera, & vn plus grand encherissement de viures & de toute sorte de marchandises: ayans telles permissiõs reduict la valeur du douzain moderne au prix des liards anciens, le sol desquels vaudroit quatre des nouueaux: enquoy le Roy, les Seigneurs terriens reçoiuent grand dommage, & tout le Royaume, & seroit plus grand en l'augmentation de l'escu à

quatre

quatre liures, & auctoriser le larcin des billonneurs, lesquels rempliroiẽt la France de peu d'or, pour lequel ils tireroient pour vn marc d'or pres de quinze marcs d'argent: & deceuant le peuple en l'augmentation des nõbres, comme ils font en l'exposition de toute espece d'or de vingtdeux karats, au pair de celles qui sont à vingt trois karats trois quarts, ils emporteront hors le Royaume pres de dixhuict marcs d'argent pour vn marc d'or. Et bien que la brieueté me soit en recommandation, neantmoins i'ay creu qu'il estoit à propos representer le dire de Me Nicolas de Clamengijs de Catelõgne au traicté qu'il a faict, *De lapsu & reparatione Iustitiæ*, parlant des billonneurs & surhausseurs du prix des monnoyes, que de l'introduction des nouuelles monnoyes de billon. *An non vides postquam remissæ sunt plebi angariæ vectigalium quàm capitale confestim regni vulnus rursus de numismate cogitauerunt, quo nihil vtique perniciosius, aut infælicis patriæ magis exterminatiuum inueniri poterat: quo in lacu quàm latè piscati sint huius doli fabricatores, nec mente satis concipi potest, nec lingua exprimi. Habent illi iam propemodum totam in argento & auro regni substantiam, & pro his indigna commutatione infinitam æris & cupri monetam cuderunt: Principes autem etsi fructum ex hac præda capiunt, vilis tamen ille est, & charè nimis illis constat: vtpote per quem redituum suorum ordinariorum plus quàm dimidium perdunt: immo iam vix tertiam partem recipiunt, nec soli illi sed vniuersi cuiuscunque ordinis, qui ex annuis prouentibus viuere consueuerunt. Attende autē quàm detestabilis, quamq; intolerabilis sit exactio ista, per quam*

& Principes ipsi, & tota nobilitas, & singuli hominum status reditu in pecunia soluendarū duas partes amittunt. Messieurs des monnoyes ont tousjours empesché telles alterations, & qu'il ne se fabrique monnoye de billon, & font continuellement leurs tres-humbles remonstrances pour interdire le cours des especes estrangeres, desquelles especes estrangeres & renouuellement de billon, si l'vsage en est remis, aduiendra selon le dire de ce Docteur, que, *Tuti tandem prouentus ad fundum vsque exhausti ad nihilum venient: atque ita necesse erit ethtam politiam fame, penuria, & egestate iam miserabiliter laborantem, sublatis etiam reditibus, qui sunt nerui Reipubl. intra pauci lapsum temporis irreparabiliter interire.* La perte de Cambray iustifie assez ce dommage: & cōtinuant cet Autheur à ses iustes

plaintes du desordre des monnoyes qui estoit de son temps, escriuant à Philippes Duc de Bourgongne: *Ab antiquis politiarum rectoribus inuentum esse constat vsum numismatis, vt conueniens esset medium Iustitiæ commutatiuæ, pretiumq; rerum venalium. Debet itaque quod pretium est ex pretioso aliquo cõfici metallo, alioquin quomodo pretium, si nihil in se continet pretiosum?* I'adiousterois le plaidoyé de Messieurs les Gens du Roy faict en la Cour de Parlement le 7. de Feurier 1508. contre la permission d'exposer les monnoyes estrangeres, d'Auignon & Carpentras (lequel pour sa iustice est enregistré aux Registres de la Cour des monnoyes) n'estoit que l'on pourroit s'ennuyer d'vn si long discours.

Responce à la quatriéme obiection.

Proposer qu'au descry des pistolets,

reales, Iacobus, & toute autre monnoye estrãgere, le peuple receura perte, n'est nullement considerable; n'y ayant rien plus certain que le peuple du plat-pays n'a or ny argent monnoyé ny à monnoyer, ny bleds ny vins à vendre, & que le marchand a preueu par le surhaussement de sa marchandise telle perte, & sçait la maniere pendant le desordre des monnoyes de billonner les quarts d'escu, pieces de vingt & vn sols quatre deniers, & testons de poids, pour la liberté donnee à l'exposition des especes estrangeres, qu'il mandie de toutes parts & debite parmy le peuple pour vn cinquiéme plus que leur iuste valeur. Quant à ceux qui thesaurisent en leurs coffres, il est raisonnable qu'ils en reçoiuent perte, pour auoir tiré l'aduantage du surhaussement selon les occasions.

pour laquelle perte en ce reglement ils tireroit profit au quadruple par la vẽte de leurs bleds & fruicts annuels: & au lieu de cinq escus que l'on paye à present pour dixhuict liures, ils en auront apres la reformatiõ des monnoyes annuellement six. Et hausser le prix de l'or autrement qu'en proportion douziéme, ou quasi approchante, est l'augmẽtation des richesses de l'Espagnol, & diminution de celles de France, à l'aduantage des Allemands, Flamands, Anglois, & Italiens, voisins qui ne sçauroient viure sans le negoce des bleds, vins, & fruicts du Royaume.

Responce à la cinquiesme obiection.

Honteuse obiection: que le temps par la force de la verité faict à present cognoistre la racine & commencemẽt du desordre des monnoyes qui a esté, est, & continuëra iusques à l'vsage du remede, prouient de ceste source, contre tout ordre de police & bon reglement. Il est bon de souhaitter heureux voyage au marchād negotiant par mer ou par terre auec les estrangers, mesmes de prier Dieu pour sa prosperité; mais auctoriser & approuuer sa garantie, ou il feroit naufrage, par moyens illicites du surhaussement des monnoyes, & transporter les bonnes & fortes de sa patrie, pour les faire conuertir en especes plus foibles, & les rapporter & exposer à plus haut prix que celuy qui leur est donné par son Prince, n'est nullement considerable: & semblable negoce doit estre deffendu, & les marchāds chastiez de peine corporelle. Ce desordre est tel à present en la France, que nul ne sçait quelle est la valeur de son bien. Et ne peut telle obiection prouenir que de la bouche des billonneurs, que les vieilles loix des monnoyes appellēt, *vilains & malicieux marchands* : La malice desquels est si notoire en ce siecle, que le Turc, le Polonois, le Hongre, les subiects de l'Empire, ny le Venitien n'acheptent que peu ou point de marchandises dans le Royaume, neantmoins il ne se reçoit à present autre payement que des sequins & ducats que les billonneurs, regnicoles, ou estrangers font entrer dans le Royaume dans des boules de cire, & autres dans des rames de papier; autres des Iacobus dans des tonneaux de biere d'Angleterre: les meilleurs desquels ducats ou sequins n'ont de bonté en leur fin que vingt & trois karats & demy, la piece du poids de deux deniers dixsept grains, & ne valent que trois liures six sols neuf deniers tournois, & s'exposent

pour

pour quatre liures ; qui est treze sols trois deniers pour piece plus que leur bonté : lesquels sequins & ducats commencent à auoir cours du poids de l'escu, tellement qu'ayans cours du poids de deux deniers quatorze grains, le fin n'en vaut que trois liures trois sols sept deniers : la plus part desquelles especes ne sont de si haute loy, & s'en trouue à vingt & deux Karats, & la plusparrt faux & contrefaicts, desquels le fin (estant la piece du poids de deux den. dixsept grains) ne vaut que trois liures deux sols six deniers. Et admettre telles especes, c'est auctoriser les faux-monnoyeurs, y ayant de profit sur chacune piece dixsept sols six deniers : tellement que le cours du ducat du poids de deux deniers quatorze grains, mesmes au dessus, conuie les faux monnoyeurs à exercer leur art, y ayant de profit à trauailler à vingt & deux karats, sur chacun marc d'œuure soixante treze liures.

Il s'est peu verifier dans Paris, où telle espece d'or a plus de cours, qu'en toute autre ville du Royaume, qu'vne lettre de change n'a esté acceptee qu'à condition qu'elle se payeroit en ceste monnoye de ducats; recognoissant le Banquier qu'il luy est plus aduantageux de payer les lettres de change en ceste espece que d'en acheter marchandise, où il seroit contrainct en offrant le payement en telle monnoye de sur-acheter, sçachant tousiours le marchand se mettre à couuert & surhausser le prix de ses denrees, où il void le desordre des payemens, & autre espece de monnoye auoir cours que celle de son Prince, qui en est garand & caution enuers son peuple. Et ayant vn

Receueur ou Comptable accez auec vn de ces marchands billonneurs ou banquiers, auant peu d'annees il ne se verra aucune mōnoye d'or & argent aux coings & armes de France.

L'Allemagne, de laquelle les forces & le fer ne se remuënt que par le bon Or ou Argent de Frãce, pour peu de marchandises qu'ils viennēt acheter en ce Royaume, par la malicieuse industrie des marchands billonneurs remplit la Champagne & Picardie de dalles qui ont cours pour trente sols piece, & n'ont de bonté que vingt quatre sols, qui est vn cinquiesme de larcin qui se fait sur le peuple, n'estãt ceste espece d'argent, mais de billon.

La Normandie & Bretagne riches Prouinces, ne sont exemptes de tels desordres & billonnemens, mais y semblent naistre pour la frequentation du negoce d'Espagne, où ils reçoiuent la reale pour vingt sols, & l'exposent pour vingt & trois sols, qui est vn larcin manifeste, & au mépris des Ordonnances du Roy ; qui pour induire les marchands à apporter les monnoyes d'argēt d'Espagne en son Royaume, en auoit accreu le prix d'vn seiziéme. Et procedant au chastiment de tels billonneurs, ils trouuent dans la France des protecteurs cōtre l'authorité du Magistrat: mal dangereux, & qui prepare vn nouueau & plus grand billonnemēt à cause de la fraction des comptes de la reale qui a cours pour vingt & trois sols, laquelle apres la recolte des bleds, chanures, lin, & vins de la presente annee, s'il n'y est promptement pourueu, infailliblement le billonneur (comme estant la saison de son Aoust sur le pauure peuple) exposera pour vingt & quatre sols : Et ainsi le

François donnera vn quart d'escu & demy qui valent vingt & quatre sols, & poisent onze deniers six grains, pour dix deniers seize grains, qui est le poids de la reale : pour lesquels quarts d'escu conseruer, de necessité il les conuiendra surhausser de prix comme il commẽce à se practiquer à Marseille; autrement ils peuuẽt estre transportés en Auignon, Angleterre, Flandres & autres lieux où l'on trauaille de moindre loy qu'en France, mesmes portés en Espagne & cõuertis en reales, par l'aduantage qu'en fera le marchand billonneur, que les autheurs de l'augmentation du prix de l'or & argent, & ceux qui s'opposent au reglement des monnoyes veulent mettre à couuert pour ruiner les finances du Roy, & (s'ils peuuent) affamer le Royaume : vray est que Messieurs des Cours des Aydes y veillent continuellement & retranchent ou empeschent les traittes quand ils recognoissent qu'il en est de besoin, & nonobstãt l'auaricieuse conuoitise du marchand billonneur qui ne regarde que le temps present de son lucre.

A tel desordre & larcin n'y a que ce seul remede, *N'admettre pour quelque subiet ou occasion que ce soit, le cours & exposition d'aucune espece de monnoye estrangere, ny celle du Royaume legere ou rongnee.*

Que si l'on propose qu'il sera ennuyeux de peser, & de trop grande peine, chacun Receueur general a ses Receueurs particuliers, les particuliers leurs Collecteurs, les Collecteurs reçoiuent des particuliers, & se peut vne grande somme peser par marcs: Et n'y a si grande peine, sinon qu'il semble à ceux qui s'y opposent qu'ils y ayent quelque interest particulier: & qu'vn bon reglement les priuera du profit qu'ils en espereroient: & neantmoins s'ils voyent vne espingle dans la fange, ils prendront bien la peine de la leuer de terre pour leur commodité. Que si cela qui est si vtile leur est ennuyeux, l'introduction & vsage du moulin les garantira, & sans beaucoup se trauailler ils cognoistront l'espece rongnee de celle qui ne le sera pas. Et si l'on procede autrement, admettant les especes du Royaume legeres, celles qui sont entieres se rongneront: & descriant aucunes especes d'or & argent estrangeres & auctorisant les autres ; c'est vouloir croupir en son mal, estre prodigue de son bien, & faire croire ce que l'estranger dit souuent du bon François, en le deceuant & trõpant, *Que l'abondance & fertilité du Royaume de France causent que le François n'est capable de bon aduis & conseil.* Et oster l'vsage des poids, nombres & mesures, est auoir agreable d'entrer en vn chaos de desordre & de toute confusion en vn Estat.

Responce à la sixiesme obiection.

Il n'y a proportion douziéme de l'or à l'argent par nature, mais par le droict des gens & du commun consentement de tous peuples la proportion douziéme a esté gardee: Et du temps de Platon elle estoit telle. Et aucuns tiennent que le Consul Romain du temps de l'imposition des Etholiens, imposa le tribut d'vn d'or pour dix d'argent, pour augmenter l'impositiõ d'vn sixiéme. Georgius Agricola, Budee, du Moulin, & Bodin, ont obserué que la proportion de l'or à l'argent, estoit peu moins que douziéme, comme l'eualuation

luation portee par cet aduis.

Responce à la septiesme obiection.

La traitte douziesme moderee & proportionnément raiettee sur douze marcs d'argent, n'a point esté autresfois mise en doute, & lors que le marc d'or se tailloit en cinquãte deux pieces, l'on ne payoit au peuple que quarãte huit deniers d'or fin: & ainsi la traicte estoit douziesme; & depuis a esté quinziesme, se taillant le marc d'or fin en soixãte-quatre deniers, & ne s'en payoit au peuple que soixãte. Et du temps que l'argent ne valloit que cinq liures le marc, la taille du marc d'argent estoit de quatre vingts & quatre pieces de trois blancs, & ne s'en payoit au peuple que quatre-vingts, qui estoit vn vingtiesme de traitte, cõme il se iustifie par les vieils registres des Monnoyes, & le denier d'or estoit payé sa iuste valeur d'ar-

F

gent. Et tãt & si long temps que l'on a continué cette façon de tailler la mõnoye, & imposer semblable traitte ; il n'y a eu desordre ny surhaussemẽt d'vne espece à autre des monnoyes de France, & conuient reprendre cet ordre, veu le profit qui en reuient au general & particulier de tout le royaume.

Cette forme fut discontinuée en l'introduction des escus au soleil enuiron l'an 1473. & neãtmoins la traitte demeura trentiesme: & en l'annee 1488. la traitte fut remise peu plus que vingt-septiesme, & celle de ce pied de monnoye d'or & argẽt n'est que peu plus d'vn vingt-sixiesme, & la conuient considerer en la matiere & en œuure. Et bien que le Roy d'Espagne possede les mines d'or & d'argent, & que ses ouuriers & mõnoyers soient esclaues, & que les marchands soiẽt tenus fournir les matieres d'or & argent alloyees au tiltre ordonné par les loix d'Espagne: neantmoins la traitte du marc d'argent est peu plus que trente-deuxiesme. Et les termes de la loy d'Espagne sont, *Mandamos y ordenamos, que en todos los dichos nuestros Reynos vala vn marco de plata, de ocho onças, y de ley de onze dineros y quatre granos, sesenta y cinquo reales, o su valor.* Et plus bas, *De cada marco de plata se secan 67. reales*, qui sont deux reales pour la traite du marc d'œuure: & a duré telle police & traitte peu plus que trente-deuxiesme en Espagne depuis l'an 1497. Et le plus barbare des Escriuains de ce siecle contre la dignité des Rois, au traicté qu'il a faict des Monnoyes, parlãt de la traitte & droict de Seigneuriage que les Rois doiuent prendre sur leurs monnoyes, dict: *Non equidem in ea sum sen-*

tentia, ut Principem statuam suo sumptu debere monetam conflare, at potius æquum arbitror, ut pro cudendi labore uniuersóque monetali ministerio addatur valoris aliquid ad metalli æstimationem; ac ne fore quidem absonum, si in signum dominij & prærogatiuam, pars aliqua exigua lucri Principi ex ea administratione accedat.

En vue si grãde iustice, equité, egalité, & correspondance des matieres en ces deux pieds de monnoye d'or & argent qui empeschent pour tousiours le billonnement, duquel la traitte est moindre qu'elle n'estoit en l'argent, toutesfois peu plus grande en l'or, autrement ne s'y peut apporter l'egalité en la iustice que par cet ordre. Et qui s'y voudra opposer, considere l'employ & taille du marc entier & renforcissement de la piece d'or qui est plus forte de poids

& loy, & mieux taillee que n'ont esté les escus sol du poids de deux deniers quinze grains, de soixante & douze pieces & demie au marc: La piece de vingt sols à faire sera plus forte en poids & loy que la taille des pieces de seize sols du poids de sept deniers douze grains, à la taille de vingtcinq pieces vn cinquiesme de piece, au remede d'vn cinquiesme, n'y ayāt que ce seul moyen pour apporter l'egalité de la valeur des monnoyes fortes à leur change. Et où il ne s'obseruera il y aura continuel & perpetuel subiect de triage, surhaussement & trāsport de l'espece qui aura plus de fin & valeur que son change, soit en la matiere des monnoyes d'argent ou d'or, à l'aduantage des marchands billonneurs, regnicoles & estrangers.

Plusieurs s'ingerent de proposer pieds de monnoye & donner prix à l'or & argent, qui ont vn grand aduantage pour ne communiquer au public le prix & taille : toutesfois l'vn l'a fait voir, auquel a esté remonstré l'impossibilité d'ouurer & monnoyer, sinon aux conditions portees par la responſe. Vn autre ne l'a point ainsi publié, mais fait voir dés l'an six cens & neuf, lequel deslors fut iugé dommageable au Roy & au public, pourquoy n'est à propos d'en parler: les autres tiennent leurs propositions si secrettes qu'il n'y a point de moyen de les approuuer ny contredire. Et d'autât que ie ne vise que au bien de ma patrie, si en quelque chose ie me suis mespris, il pourra estre corrigé & amédé par Messieurs des Monnoyes, proposans vn meilleur prix, pied & taille de monnoye d'or & argent ; à la conseruation des anciennes du Royaume de leur poids, sans sujet de triage & surhaussement d'vne espece par l'autre qui cause le transport & billonnemẽt dedãs & dehors le Royaume.

Response à la huictiesme & derniere obiection.

LE bruit des armes n'empesche point à present l'effect des loix par la prudẽce & bõheur de leurs Majestez : il ne s'agit que de l'execution d'vn Reglement à faire au faict des monnoyes, iugé de tous les ordres necessaire à la conseruation des richesses du Royaume, dont le retardemẽt a faict cognoistre la necessité, & accroistre vn dõmage inestimable; & plus en la ville de Paris, ville capitale & le cœur du Royaume, qu'en tout autre lieu de la France, n'ayans cours les especes d'or estrangeres ny celles du Royaume, à vn prix si desordonné comme à Paris, où se font les loix & polices de l'Estat, & les premiers Magistrats, *qui iura tueantur*. A Lion & au delà la pistole ne s'expose que pour vn trëtecinquiesme moins qu'à Paris, & l'escu sol semblablemēt. Il est bien vray que pour empescher le transport de l'argent, le prix de l'escu en monnoye est surhaussé d'vn seiziesme par toute la Prouence, que l'on ne peut appeller desordre par la liberté qui est donnee de surhausser l'or : & coulera ce surhaussement par toutes les parties du Royaume, s'il n'y est pourueu selon la deliberatiō proposee par leurs Majestez : la saison y est propre pour le soulagement du pauure peuple, & semblables Reglemens se sont coustumierement faits

apres

apres la vente des fruicts du peuple du plat pays, n'en ayãt de reserue que pour leur nouriture le reste de l'ãnee iusques à la premiere recolte, mais point d'argent. Or estans les moyẽs qui repriment les crimes plus à souhaiter que les loix qui les chastient, il seroit bien à propos se seruir & ayder du remede duquel les Roys nos peres se seruoiẽt pour reprimer les abus & desordres qui estoient de leur temps au faict des mõnoyes s'il est iugé propre par leurs Majestez. Et où il arriueroit quelque difficulté (ce que l'on ne peut esperer en vn regne paisible, & sous l'heureuse memoire du bon HENRY LE GRAND) n'estant ce qui se fera, qu'executer ce que sa Majesté auoit cy deuãt ordõné & preiugé estre tresvtile à son peuple, & en augmentation des richesses de son Estat : Enioindre aux Preuosts, Baillifs, Seneschaux, Gouuerneurs, leurs Lieutenans, chacun en leur ressort de faire publier le Reglement qui sera faict, de trois mois en trois mois en l'auditoire de leurs Iustices, & l'enuoyer aux Curez des paroisses des villes & villages pour le publier apres l'yssue du Prosne des Messes parochiales, à ce que le peuple entende la volonté & commandement de sa Maiesté estre de n'admettre aucune espece de monnoye estrangere, & ne vouloir qu'autre aye cours en ses Royaumes, terres, Principautez & Seigneuries, que celles de sa Majesté, & des Rois ses predecesseurs, des poids & loy portez par ses Ordonnances.

Que si pour l'ignorance qui est en son pauure peuple suruient differend pour la bonté des monnoyes en la vente des bleds, vins, & autres marchandises où interuiénent courtiers, lesdits courtiers qui conduisent les achepteurs aux granges, greniers, celiers, & caues, mesmes qui tiennent coustumierement la bourse des marchands, & les logent en leurs maisons, seront garands des payemens faicts au peuple: & où le vendeur se plaindroit luy auoir esté baillé quelque espece au preiudice des Edicts & Ordonnances du Roy; sera enioinct aux Iuges faire bonne, briefue, & sommaire iustice, auec deffenses aux Receueurs & payeurs particuliers de leurs gages, leur payer le dernier quartier de chacune annee, qu'en rapportant par eux les procés verbaux qu'ils aurôt fait faire chacũ en leur ressort, de l'Edict des Monnoyes, & publication d'iceluy aux prosnes des parroisses, par les Curez en chacune annee, auec l'extraict des sentences & condánations cõtre les cõtreuenans. L'employ desquels gages fait autrement par les Comptables, seront rayez par Messieurs des Comptes, sans esperance de restablissement. Cette deffense sera vn doux remede sans fraiz & despense pour le pauure peuple : & ne seroit mauuais qu'au departement des Roolles & cõmissions pour l'assiette de la Taille il en fust fait mẽtion dãs les Mandemens des Esleuz, pour le soulagement des Collecteurs des Tailles : & aux villes iurees où il y a Gardes des Mestiers & marchandises, Receueurs generaux des finances & du Clergé, Receueurs & Cõtroolleurs des Tailles; les assembler deuãt le Magistrat, comme il se souloit faire anciennement, & s'est encores pratiqué depuis vingtcinq ans; leur remonstrer le dommage que l'exposition des pieces estrangeres a apporté au Royaume, & les lier par serment de ne receuoir à l'aduenir aucune espece estrangere, mais seulement celles du Royaume, aux coings & armes de sa Majesté, & des Rois ses predecesseurs, & de poids.

Et d'autant que ce n'est le peuple, la Noblesse, les Ecclesiastiques, ny les gens de Iustice qui introduisent le surhaussemẽt des especes du Royaume, & vont rechercher les monnoyes estrangeres; mais les marchãds billonneurs, lesquels par voyes obliques les vont mãdier: Où ils en serõt trouuez saisis, la moitié sera adiugee au denonciateur & lesdits billõneurs chastiez corporellement selon les vieilles loix des monnoyes qui portent ces termes: *L'or & argẽt ne sera transporté ny esloigné de la plus prochaine monnoye: & qui fera le con-*

traire il perdra l'or, l'argent & billon, & sera en nostre volonté le corps & l'auoir.

Rarement se sont faits Reglemẽs des mõnoyes que l'vsage trop commun de la vaisselle d'or & d'argent, & la vanité des pierreries grandement dommageable, n'ayent esté retranchez, sur lesquelles pierreries l'on n'y peut iamais esperer que perte, & par lesquelles les Portugais & autres qui negotient aux Indes Orientales & en Turquie s'aidẽt pour transporter l'or & argent qui entre dans le Royaume par la vente des bleds, fruicts, & manufactures d'iceluy, dõt le retranchemẽt, s'il est trouué à propos par leurs Majestez, ne sera que tres-vtile, ainsi que de tout temps il s'est obserué pour la conseruation des richesses du general & particulier du Royaume, estant cause d'vn appauurissement tresgrand à ceux qui en vsent, & grande perte d'or & argent qui s'employe en passements & clinquans: lequel Reglement sera tresaisé à faire, remettant les functions des Affineurs dans les hostels des monnoyes, & retranchant la liberté aux orfeures de faire ouurage d'argent excedât trois marcs, & d'or excedant deux onces, sans permission expresse du Roy verifiee en la Cour des Monnoyes, où il n'y eschet aucune despense, & interdire aux maistres Orfeures vniuersellement par tout le Royaume, de prendre Apprentifs d'icy à vingt ans, & ne permettre aux Estrangers de trauailler que chez les maistres, & en boutique ouuerte, sans que les compagnõs estrãgers, puissent esperer de paruenir à la maistrise du mestier d'Orfeure au preiudice des Edicts.

Que si la responce à ces obiections

ne satisfait & contente ceux qui veulent mettre empeschemẽt à la reformation des monnoyes, desquelles le desordre fait emporter annuellemẽt vn cinquiesme des biens de la France pour peu de cuyure au lieu d'or & argent que les marchands y deuroient laisser: pour satisfaire à ceux qui s'ennuyent des termes de karats & deniers de fin, leurs degrez & diminutions; il auroit esté à propos representer sommairement le fin de chacune espece des mõnoyes d'or & argent estranger qui ont cours parmy le peuple, selon le fin que chacune piece tient, pour empescher qu'il ne fust trompé & deceu, comme il l'est iournellement par les mauuais moyens & artifices des marchands billonneurs: mais la despense à faire en seroit trop grande pour vn pauure particulier, & conuiẽdroit qu'elle se le se fist aux despens de leurs Majestez, y ayāt des especes d'or de diuerses stampes qui ont cours entre le peuple, pres de quatre cēs, & des especes d'argent plus de six cens de different loy & taille par le desordre & desreiglement des monnoyes qui est dans le Royaume: laquelle representation soulageroit grandement la Noblesse & la ieunnesse voyageant en Espagne, Angleterre, Italie, Allemagne, & autres nations estrangeres où en vn iour il conuient changer deux fois de monnoye, pour la diuersité des Principautez & Seigneuries.

La cognoissance du fin de toutes lesquelles especes estrangeres d'or & argēt, & leur valeur est commune & familiere à tous marchands regnicoles ou estrāgers, & à tous les bāquiers, ainsi que la diuersité des poids &

mesures, ayant chacun en leurs bureaux des Bauoirs, Tableaux, Tariffes & Reductions : lesquels marchands pour se garantir de perte selon les lieux où ils vont mãdier & chercher telles mõnoyes foibles & defectueuses, sçauent hausser le prix de leurs marchandises, & par voyes obliques les apportẽt où ils cognoissent estre la confusion des mõnoyes qu'ils exposent premierement entre personnes non entendues en la cognoissance des metaux & monnoye d'or & argent, à la Noblesse des champs, & au pauure peuple du plat pays en payemẽt des bleds, vins & toiles des laboureurs & paysans, lesquels pour leur ignorance estãs les premiers deceuz & trompez, & n'ayans dequoy payer leurs debtes ou la taille, il est de necessité que pour la tolerãce premiere d'en auoir permis & permettre l'entree & exposition, en fin les coffres du Roy, son Espargne & Tresor en soient remplis, & pourra estre que les Commis des Receueurs presteront l'espaule à tels billonneurs & courtiers des especes estrãgeres pour participer à si iniuste & desloyal profit.

FIN.

www.ingramcontent.com/pod-product-compliance
Ingram Content Group UK Ltd.
Pitfield, Milton Keynes, MK11 3LW, UK
UKHW012106240726
13965UKWH00004B/1587